INSTRUCTION.

On commencera par faire connaître à l'Elève les objets représentés par les images, afin qu'après la leçon il puisse étudier seul. On lui fera remarquer que dans le nom qui est au-dessus de chaque objet, le *son* en caractères **gras** est le nom de la lettre qui est au-dessous : pour les *voyelles*, c'est le premier *son* ; pour les *consonnes*, c'est le dernier.

PREMIÈRE LEÇON.

Âne   hirondelle oranger hussard   œil   échelle aigle hirondelle

a   i   o   u   e   é   è   y

a	i	o	u	a	u	o	i	a		a	e	u	y	a	è	é	y	o
o	a	u	i	u	o	a	u	i		i	é	o	è	e	o	è	i	é
i	u	a	o	a	u	i	a	o		o	è	i	é	y	i	o	è	u
u	o	i	a	o	a	u	o	u		u	y	a	e	é	u	e	a	i

ALPHABETS.

a b c d e f g h i j k l m n o p q r s t u v x y z

A B C D E F G H I J K L M N O P Q R S T U V X Y Z

TABLEAU DES NOMBRES DE UN A CENT.

1	2	3	4	5	6	7	8	9	10
11	12	13	14	15	16	17	18	19	20
21	22	23	24	25	26	27	28	29	30
31	32	33	34	35	36	37	38	39	40
41	42	43	44	45	46	47	48	49	50
51	52	53	54	55	56	57	58	59	60
61	62	63	64	65	66	67	68	69	70
71	72	73	74	75	76	77	78	79	80
81	82	83	84	85	86	87	88	89	90
91	92	93	94	95	96	97	98	99	100

Dijon, imprimerie et stéréotypie de LOIREAU-FEUCHOT, place Saint-Jean.

2e LEÇON.

gerbe   pipe   commode   botte

b p d t

	a	e	é	è	i	o	u	y
b	ba	be	bé	bè	bi	bo	bu	by
p	— pa	pe	pé	pè	pi	po	pu	py
d	— da	de	dé	dè	di	do	du	dy
t	— ta	te	té	tè	ti	to	tu	ty

du pe	é té	do du	é tu de
pa pa	a pi	pi pe	pe ti te
di	é pi	ta pé	é di té
tu be	tu é	pa pe	bi pè de

pi pé	ba de	é té	pi pe	o bé i
ta pe	dé pi	o de	du pé	é tu de
pa pe	da té	du o	po pe	dé di é
bo a	ta pé	tu é	da te	bi pè de

3e LEÇON.

plume   couronne   pendule   voiture

m n l r

	u	i	o	é	y	a	e	è
m	mu	mi	mo	mé	my	ma	me	mè
n	— nu	ni	no	né	ny	na	ne	nè
l	— lu	li	lo	lé	ly	la	le	lè
r	— ru	ri	ro	ré	ry	ra	re	rè

li me	la me	de mi	a mè re
di re	ru de	lu ne	dé mo li
do ré	mu le	ra mé	mo ra le
mo de	ro be	pu ni	do ru re

le pi lo te ra me ra à mi di.
le ma la de a é té a li té.
re ti re ta pa ro le a mè re.
u ne da me de mé ri te li ra.

4e LEÇON.

locomotive   girafe   chaise   balance

v f z s

	e	i	è	o	é	y	u	a
v	— ve	vi	vè	vo	vé	vy	vu	va
f	— fe	fi	fè	fo	fé	fy	fu	fa
z	— ze	zi	zè	zo	zé	zy	zu	za
s	— se	si	sè	so	sé	sy	su	sa

so fa	lo to	to pa ze	so li tu de
zè le	no te	fé ru le	na ti vi té
sè ve	fu té	na vi re	a ma zo ne
fa de	si te	sa me di	fi dé li té

la du re té de la to pa ze.
a do re le pè re de la na tu re.
le pi lo te mo dè re sa ti mi di té.
i mi te la sé ré ni té de ta mè re.

5e LEÇON.

ange   index   orgue   arc

j x g c

	o	a	u	è	e	i	é	y
j	— jo	ja	ju	jè	je	ji	jé	jy
x	— xo	xa	xu	xè	xe	xi	xé	xy
g	— go	ga	gu					
c	— co	ca	cu					

vo te	ca ve	é co le	dé fi gu ré
pa vé	ga ze	fa go té	ca pi tu lé
ri ve	cu ve	ju bi lé	ma jo ri té
fi xa	a xe	ma xi me	pa ra do xe

u ne ca ri ca tu re ri di cu le.
ta mu le ga lo pe ra vi te.
ta mè re vi de ra la cu ve.
le ca lo ri fè re se ra ré pa ré.

Dijon, imprimerie et stéréotypie de LOIP, FAU-FEUCHOT, place Saint-Jean.

6e LEÇON.

œil   ours   autruche   oie

eu ou au oi

oi	eu	au	ou	eu	oi	au	eu
eu	—feu	peu	jeu	deu	seu	veu	teu
ou	—sou	cou	dou	fou	rou	jou	tou
au	—fau	sau	tau	pau	jau	cau	vau
oi	—toi	foi	coi	soi	roi	voi	boi

bau me	rou te	toi le	pa pau té
sou pe	boi re	fi lou	ma jeu re
seu le	sau le	jau ne	sou cou pe
voi le	meu le	ne veu	voi tu re

le jeu de bou le a é té dé ro bé.
ma mè re a tu é la jeu ne pou le.
la pau me jau ne a sau té au feu.
sa pe ti te voi tu re rou le seu le.

7e LEÇON.

ange   index   ombrelle   un (chiffre)

an in on un

on	in	un	an	in	un	on	in	an
an	—fan	lan	van	can	san	ran	pan	
in	—lin	tin	vin	pin	bin	din	fin	
on	—ton	son	ron	von	bon	jon	pon	
un	—lun	tun	bun	dun	sun	jun	run	

un	san té	bou din	man da rin
vin	pin son	lun di	ca ba non
bon	mou lin	ma man	fan fa ron
van	a lun	din don	ou ra gan

la poi re se ra fon dan te.
son la pin a pé ri lun di ma tin.
ma man i ra jeu di à di jon.
le ru ban moi ré de pau li ne.

8e LEÇON.

vache   girafe   peigne   bouteille

ch ph gn ill

ph	ch	gn	ill	ch	ill	ph	gn	ch
ch	—cha	cho	chan	che	chi	chu		
ph	—phy	phi	phon	pho	phe	pha		
gn	—gni	gna	gnoi	gné	gno	gne		
ill	illé	illi	illon	illa	illu	ille		

ru che	ma chi ne	ma li gni té
ga gné	vi gne ron	la sou illu re
ta illa	mé da ille	é phé mè re
pha re	zé phi re	un ca pu chon
cha cun	cha rì té	si gna tu re
vi gne	re chi gna	cha tou ille ra
fa illi	ba ta illon	che ve lu re
pé ché	in di gné	phi lo mè ne

9e LEÇON.

è = est

Le feu du sa pin du re peu.
La cha ri té du di gne cu ré.
La rou e' de la ma chi ne se rou ille.
Le feu a ja illi du ca illou.
Mon pan ta lon se ra fi ni lun di.
U ne voi le de toi le noi re.
La mou che vo le de bon ma tin.
La sè ve est si a bon dan te.
Son vi gne ron est ma la de.
Phi lo mè ne se ra mou illé*e*.
Le phé no mè ne de la na tu re.
La cha lou pe a cha vi ré.
Sa che ve lu re est jo li*e*.
On a ca ché ma pau me jau ne.
Ma che mi né*e* est ra mo né*e*.
La vi gne de Lé on est ta illé*e*.
Le che min est mou illé.
La vo la ille est tou te cou ché*e*.
La sou pe a bou illi.

* Les lettres *italiques* ne se prononcent pas.

1857

Dijon, Imprimerie et stéréotypie de LOIREAU-FEUCHOT, place Saint-Jean.

10ᵉ LEÇON.

è   i   o   u

â ê î ô û

â me	tô le	cô te	jé rô me
ô té	pâ le	mû re	ca rê me
â ne	bê te	dî me	a bî mé
î le	fê te	cô ne	râ pu re
tê te	bâ té	râ pé	a tô me
sû re	rô de	bê te	un râ le
dô me	fê ne	rô le	la pâ te

Le dô me do mi ne la voû te.
La mû re se ra mû re jeu di.
Un pâ le fan tô me a pa ru.
La voi tu re mon te la cô te.
Le pâ té se ra gâ té di man che.
Jé rô me a é vi té un a bî me.
La dî me a bon dan te du pa cha.
L'î le Ca na ri est sû re.
Pa pa a bâ ti u ne ca ba ne.
La fê te de ta mè re est lun di.

11ᵉ LEÇON.

S = ç

s — sa le	se mé	so li de
ç — re çu	ma çon	fa ça de
le çon	ran çon	rin çu re

Le ma çon a fi ni la fa ça de.
Un fou me na ça ma tan te.
La ran çon du pa cha est re çu e.
Le re çu du ma çon est si gné.
An to nin a re çu un ca le çon.
An toi ne est ma çon à Mâ con.
Re né a un ca le çon de toi le.
Le bû che ron cou pe ra le sa pin.
Ma ri ne a lu sa le çon.
Sa tan te se ra vi te re lâ ché e.
Un fan tô me m'a é pou van té.
La fa ça de a é té ré pa ré e.
Le pin son chan te de bon ma tin.
La fa çon du pan ta lon est chè re.
La na tu re ré vè le la Di vi ni té.

12ᵉ LEÇON.

g = gu

gu — gue gué guè gui guin gueu

gué ri	fa ti gué	gui mau ve
fi gue	gui ta re	gué ri te
gui dé	la gueu le	gui pu re
lan gue	gue nu che	guin de ra
gui gne	gué ri don	re lé gué

Le gui du chê ne est ra re.
La gue nu che, pe ti te gue non.
L'in va li de ra con te la ba ta ille.
Le gui de du jeu ne To bi e.
La cha lou pe vo gue vi te.
Ma man de man de son gué ri don.
La rou e de la ma chi ne se rou ille.
La gui ta re est so no re.
Le re mè de a gué ri le ma la de.
Si mon a la lan gue noi re.
Re my a a che té u ne gui ta re.
Sa fi gu re est guin dé e.

13ᵉ LEÇON.

c = k q qu

k — ka	ke	ké	kè	ki	ko
qu — qua	que	qué	què	qui	quo
qu — quoi	quan	quin	qu'on	qu'un	

ki lo	Nan kin	ma gni fi que
Pé kin	ko ran	quin qui na
co que	mo ka	co que lu che
ku zan	quin te	quan ti té

Le ka li est u ne plan te.
A dè le a u ne ta che à sa ro be.
Le ca fé mo ka est bon.
Pé kin est la ca pi ta le de la Chi ne.
La pe ti te bi co que est a che vé e.
Lé on a chè te du quin qui na.
La my i ra à Pé kin ou à Nan kin.
La jeu ne Ma ri ne a jeû né jeu di.
La con quê te de l'A mé ri que.
Le ma tin rô de le ma tin.
Si A lain pè che, ca che son pé ché.

Dijon, imprimerie et stéréotypie de LOIREAU-FEUCHOT, place Saint-Jean.

14ᵉ LEÇON.

h (lettre nulle)

a   i   o   au   eu   on

ha   hé   hi   ho   hau   heu   hon

hu re   ho no ré   Thé o phi le
hi bou   Bo hè me   pé ri hé li *e*
hon te   hé ri té   hu mi li té
hu é   hà ti ve   hi la ri té
hé ron   mé tho de   ha bi tu de
rhu me   ho ri zon   hé ro ï ne
thè me   Ho mè re   hu ma ni té

La mé tho de a na ly ti que.
Le ty ran a é té ha ran gué.
Hé ro de a é té roi de Ju dé *e*.
L'ha bi tu de me gui dé.
L'hu ma ni té se ra sau vé *e*.
Ju li *e* a ha bi té la Bo hè me.
Le hi bou se ra tu é à mi di.
La thé o ri *e* est lon gue.
Hé lè ne se ra vi te ha bi tu é *e*.

15ᵉ LEÇON.

bb — a bbé   le ra bbin
cc — o ccu pé   a ccou tu mé
ff — a ffi dé   su ffo can te
ll — co lle   son bu lle tin
mm — po mme   co mmo di té
nn — bo nne   sa cou ro nne
pp — na ppe   dé ve lo ppé
rr — ca rré   ba rri ca de
ss — ta sse   ca sso na de
tt — pa tte   la ba ttu re

A nne do nne un sou à l'in co nnu.
La pa tte de la cha tte est ca ssé *e*.
La cha sse a é té a bon dan te.
Pau lin a de la bo nne go mme.
La sou pe est a ppé ti ssan te.
Ra cco mmo de ta bo tti ne.
L'ho mme a le don de la pa ro le.
Le ca ro sse du roi pa sse.
La fo lle est à cô té de l'é cho ppe.
La bé ca sse est a ba ttu *e*.

RÉCAPITULATION.

a i o u   e é è y,   b p   d t   m n l r

v f   z s   j x   g c,   eu   ou   au   oi,

an in on un,   ch ph gn ill,

è = est,   â ê î ô û,   s = ç,   c = k q qu.

a ma bi li té, nu mé ro té, lo ca li té, di la
pi dé, a vi de, dé li bé re ra, pu é ri li té,
ca pi tu le ra, é va po ré, dé na tu ré,
a ve li ne, i na ni mé, mou tu re, de meu
ré, lou pe, sau va ge, a mi, é cu moi re,
a voi ne, vé té ran, lon ga ni mi té, re din
go te, fé mi nin, ga zon, ou ra gan, ran
cu ne, fan tô me, Jé rô me, i diô me, rô ti,
di né, a bbé, sù re té, cho pi ne, ma li
gni té, gui de, mi gnon, cha tou illé, in
di gni té, fa ça de, mi chon, co li ma çon,
ma ço nné, ki lo gra mme, qui con que,
lan gue, quin te, fa kir, quan ti té, nan kin,
bi co que, quo ti té, ba gne, si phon, ha
bi le té, hu mi di té, ho no ré, hé ri sson,
a ccou ru, bou ffon, bu lle tin, ra bbin,
a bbe sse, a ccou tu mé, i dy lle, ga mme,
ho nnê te té, ba rri ca de, bou rru, bou
rra che, ca sse ro le, pa roi sse, hu tte,
lu tte, ca sso nna de, bou ffi ssu re, ta nné,
co lo nne, co mman dé, é cho ppe, a ppé
ti ssan te, é tou ffan te, su ffo can te, mâ
choi re, bû che ron, qui con que, quin
qui na, pan thé on, pa thé ti que, A ga the,
a pa thi que, han che, Hi ppo ly te, rhu
bar be, ha ran gue, hou ssi ne, hé ri sson.

Dijon, imprimerie et stéréotypie de LOIREAU-FEUCHOT, place Saint-Jean.

16ᵉ LEÇON.

ia ié ié io ui

ia — pia no	dia ne	ra ta fia
ié — pié té	châ tié	a mi tié
ié – diè te	biè re	sa liè re
io — fio le	vio lon	ba bio le
ui — tui le	cui te	con dui te

A lin a vu la tia re du pa pe.
Pa pa a é ga ré sa ta ba tiè re.
Mon se rin a fui de la vo liè re.
L'in con dui te mè ne à la rui ne.
Vi de le vin tiè de de la fio le.
L'ou ra gan a sou le vé la tui le.
Ma mè re a soi gné mon pia no.
I mi te la pié té de ta mè re.
La tui le se ra cui te à mi di.
Le vi gne ron a pio ché la vi gne.
Le dia dè me est u ne pa ru re.
Le pié ton a é té a rrê té.
La vo liè re se ra ca ché e.
Le vio lon se ra ra cco mmo dé.

17ᵉ LEÇON.

ieu ian ien ion oin uin

ieu - pieu	a dieu	mi lieu
ian — vian de	a mian te	con fian te
ien -- bien	chien	sou tien
ion — lion	pion	ca mion
oin — foin	soin	té moin
uin — uin	juin	suin té

Ta tan te a soin de son chien.
La voi tu re du roi rou le bien.
Son foin est bien ra ma ssé.
Ta vian de est tou te cui te.
Ta voi tu re a sui vi la rou te.
L'a mi tié se ra mon sou tien.
Le bé dou in est bien a vi de.
U ne ta ba tiè re d'i voi re.
So phi e lui di ra a dieu.
Le foin se cou pe à la fin de juin.
Sa mé moi re est fi dè le.
On re dou te le lion d'A mé ri que.

18ᵉ LEÇON.

a — ab	ac	ad	al	ar	as	ag
i — ir	ip	il	ig	is	ic	if
o — oc	ob	os	op	ol	or	od
u — ur	uf	ul	ub	us	uc	ud
e — ec	es	el	er	ex	ef	ep

a — bal	fac	par	taf	lap	gad	jas
i — dic	tif	pir	nig	pis	til	vid
o — soc	pol	tor	zof	cob	dog	nos
u — sub	cul	mur	tuf	jus	lup	suc
e — pec	res	nel	fer	lex	des	tec

mé tal	par lé	as pic	vo lup té
ca nif	mor tel	Vic tor	dis cul pé
cal cul	sou pir	a zur	di ver ti
sub til	bus te	ur ne	cos tu me
pes te	ac tif	dog me	ab sur de
ja lap	bé mol	for te	é ter nel
gar de	si gnal	muf ti	ar se nal
cher ché	cor nac	ap te	lu zer ne

19ᵉ LEÇON.

eur eul euf our oul ouf

eur ar deur	cha leur	a ma teur
eul — seul	a ï eul	é pa gneul
euf — neuf	veuf	el beuf
our — a mour	four che	tour ne vis
oul -- Toul	poul pe	Ka boul

ail eil ouil euil

ail bé tail	por tail	paill e
eil so leil	pa reil	veill e
ouil fe nouil	rouill e	fouill e
euil deuil	é cu reuil	feuill e

Le noir se por te pour le deuil.
Le so leil est sur l'ho ri zon.
Le fau cheur a dû a voir soif.
Le dé vi doir est rou illé.
Un chien é pa gneul a é té tu é.
La va leur du ca po ral est co nnu e.
Le bé tail du cul ti va teur est ma la de.

Dijon, imprimerie et stéréotypie de LOIREAU-FEUCHOT, place Saint-Jean.

20e LEÇON.

bl	bla	blé	blo	blu	bleu
pl	pli	plé	plu	plan	ploi
gl	glo	glu	gli	glan	glon
cl	cla	clo	cli	clin	cloi
fl	fle	flu	fla	flou	flan

sa ble   on cle   pla ne   con clu re
plu me   gloi re   dou blé   ré flé chi
clo che   peu ple   flû te   blâ ma ble
mu fle   pla te   blan chi   a veu gle
dou bla   con clu   glè be   glo ri fié
plan che   glo be   blê me   râ clu re

U ne plu me blan che ta illé e.
Le fleu ve cou le a vec ra pi di té.
Le plan est bien in cli né.
U ne plan te ad mi ra ble.
La fleur du jas min est o do ran te.
Le cha ri ta ble cu ré de la vi lle.
L'ho mme a veu gle de man de l'au mô ne.

21e LEÇON.

br	bro	brê	bra	brou	brin
pr	pra	pro	pri	prou	pron
dr	dri	dra	dro	dron	droi
tr	tro	tri	tré	trou	tran
gr	gre	gri	gra	gran	gron
cr	cré	cro	cri	croi	crou
vr	vra	vri	vro	vran	vrou
fr	fro	fré	frè	froi	fran

a bri   crê pe   dra me   con frè re
gra de   prê tre   trô ne   gan grè ne
brè ve   cri ble   dra gon   dé fri ché
grè ve   pru ne   tri bu   cri blu re

L'or dre ad mi ra ble de la na tu re.
Je pré fè re le fe nouil à l'ail.
Le prê tre est cha ri ta ble.
Il trou ve vo tre plu me ta illé e.
Mon frè re a ou bli é sa fa ble.
La so bri é té a ré ta bli mon frè re.
La chè vre brou te la fleur de l'her be.

22e LEÇON.

sp	spo li é	spa tu le	spec ta cle
sc	sca lè ne	scan dé	scor pion
scr	scru té	scri be	scru pu le
st	sto re	sta ble	sti pu lé
str	stri é	stro phe	struc tu re
sph	sphè re	spé ro ï de	
ps	psau me	psal mo dié	

La spi ra le est u ne li gne cour be.
Un spec tre est un fan tô me.
Au gus te a chan té la stro phe.
Un scri be est un co pis te.
Le scor pion est un in sec te.
U ne sphè re est un glo be.
Dieu scru te ta con dui te.
Le psau me a é té psal mo dié.
Son scru pu le est ri di cu le.
Le mou ton est stu pi de.
Le scan da le est blâ ma ble.

RÉCAPITULATION.

a i o u e é è y, b p d t m n l r v f z
s j x g c, eu ou au oï, an in on un,
ch ph gn ill, è=est, â ê î ô û, s=ç,
g=gu, c=k q qu, h (lettre nulle), bb cc ff ll
mm nn pp rr ss tt, ia ié iè io ui ieu ian
ien ion oin uin, ab ip os ud er, bal tif
tor tuf lex suc cul pol fac soc res, eur
eul euf our oul ouf, ail eil ouil euil,
bl gl fl pl cl br dr gr vr pr tr cr fr,
sc st sp sph scr str ps, struc scor, ia oï
è ch ieu â g ouil ui ab br eu bl ou gn
fl ui est o h ion gl ouf î ou gr iè uin
tr òr ail vr eil eur an ian ph ê k ien
io dr an un ill û bri qu ié oin our gra
euil prê scan scor sec spec stri psal spa,
glo ri fi é l'ho mme so bri é té cri blu re
plan té é dul co ré frus tré jas min pos-
ti che châ tié pur pu rin a zur jus te
con trô leur con jonc tu re dis jonc ti ve
cou leu vri ne bleu â tre é gra ti gné.

Dijon, imprimerie et stéréotype de LOIREAU-FEUCHOT, place Saint-Jean.

23ᵉ LEÇON.

s devant e é è i y

se. sé sè si sy
ce cé cè ci cy

ce ci	ci li ce	é di fi ce
i ci	ci ga le	ca pa ci té
ce la	cé ci le	fé ro ci té
ci me	cé ci té	ci ca tri ce
cy gne	fa ci le	cy nis me

Dieu a soin de ce lui qui gar de sa loi.
Qui con que de man de re ce vra.
Di man che on cé lè bre no tre fê te.
La bon té de Dieu é ga le sa jus ti ce.
La por te du Ci el est é troi te.
Le cy gne est pal mi pè de.
Il a con çu un soup çon.
L'in sou cian ce mè ne à la rui ne.
Le cap tif sol da sa ran çon.
L'a va ri ce est un vi ce.
E vi te la so cié té du pro di gue.

24ᵉ LEÇON.

g = j devant e é è i y

je jé jè ji jy
ge gé gè gi gy

na gé	mé gè re	é la ga ge
ron gé	ba ga ge	gi bou lé e
an ge	gi ro fle	gé o lo gue
ge nou	rou geo le	gé né ri que
ju gea	gi ber ne	ge niè vre

La Gi ron de est pro fon de.
La rou geo le se pro pa ge ra.
Le pi geon cher che sa nou rri tu re.
E vi te un lan ga ge guin dé.
Geor ge a chan gé de lan ga ge.
Ce gé né ral a ga gné la ba ta ille.
L'an ge a gui dé le jeu ne To bi e.
Le ri va ge se ra son re fu ge.
An ti go ne est ju ge du can ton.
Le re quin a cro qué l'es tur geon.
Le gou jon na ge sur le ri va ge.

25ᵉ LEÇON.

é — ez er ed
è = ai ei et es

ez — pri ez	mar chez	cal cu lez
er — co cher	poi rier	o ran ger
ed — le pied	il sied	tré pied
ai — dé lai	ai gle	dai gné
ei — rei ne	vei ne	ba lei ne
et — pou let	bre vet	ro bi net
es — les des	ces ses	tes mes
e* — de tte	me sse	na ce lle

Le mé tier de bou lan ger est ru de.
Tra va illez à vo tre ou vra ge.
L'ai le de l'ai gle sai gne.
Le mal fai teur trai ne la chaî ne.
Il a ssis te à la me sse ba sse.
La nei ge cou vre la plai ne.
Ma bo tte m'a ble ssé le pied.
A llez chez vo tre on cle Éu gè ne.

* Se prononce è devant une double consonne.

26ᵉ LEÇON.

au = eau
eu = œu

au — au	jau ni	bau me
eau — peau	ba teau	ca deau
eu — feu	a veu	neu ve
œu — vœu	le cœur	œu vre

L'eau de la Sei ne est dé bor dé e.
A l'œu vre ju gez l'ou vrier.
La gue rre est un flé au te rri ble.
Le mar teau du for ge ron est neuf.
Il a le cœur ble ssé de dou leur.
Le bou cher a la peau du bœuf.
Le cha meau a pa ssé sur le ba teau.
Vo tre œu vre est se lon mon vœu.
Ma sœur con dui ra le trou peau.
Le cou teau a le man che jau ne.
Vo tre châ teau est bien beau.
Le bu reau est fer mé le di man che.
Ce pou let est sor ti d'un œuf.

Dijon, imprimerie et stéréotypie de LOIREAU-FEUCHOT, place Saint-Jean.

27e LEÇON.

an = am en em

an — jan te	ru ban	a man de
am – jam be	lam pe	cham bre
en — fen te	ven dre	ren tier
em — tem ple	em ploi	trem blé

An dré a a che té u ne lam pe.
Le four be trem ble de peur.
Le tem ple a do ra ble du Sei gneur.
On lui a am pu té la jam be.
L'in tem pé ran ce est fu nes te.
Jo seph a é té em bau mé.
L'ar mé *e* cam pe à An gou lè me.
Le vai sseau s'est em bar qué.
Le tam bour em pê che d'en ten dre.
Le jas min em bau me la cham bre.
La pru den ce de Jean est gran de.
Le tem ple de Dieu est res pec té.
Se lon le pé ché, la pé ni ten ce.
Si len ce : l'au dien ce co mmen ce.

28e LEÇON.

in = im yn ym ain aim ein

in — sa pin	de vin	fé mi nin
im — lim be	im bu	sim pli fié
yn — syn dic	syn co pe	syn ta xe
ym — tym pan	nym phe	sym bo le
ain — main te	hau tain	é cri vain
aim— la faim	un daim	un e ssaim
ein — se rein	pein tre	tein tu re

Il est in cer tain sur mon de ssein.
No tre sym bo le est ad mi ra ble.
Il a mal à la main gau che.
La pein tu re est su per be.
L'e ssaim bu ti ne le thym.
Mon pa rrain vien dra de main.
L'im pi *e* est plein d'im pu den ce.
Ce tte per so nne est im pru den te.
J'ai vu un nain au jar din.
Le pho que est am phi bi *e*.
L'eau du Rhin est lim pi de.

29e LEÇON.

on = om
un = um eun

on — on de	ton du	pon dre
om — pom pe	tom be	pro nom
un — lun di	a lun	cha cun
um — par fum	hum ble	par fum
eun à jeun	à jeun	à jeun

La ré com pen se est a ccor dé *e*.
Son com pa gnon por te la bom be.
Mon on cle est en co re à jeun.
Le chien a rom pu son lien.
E vi te la com pa gni *e* de Lé on.
Son tri om phe est a ssu ré.
La meu le du mou lin tom be.
La ro ton de est om bra gé *e*.
Si mon s'est fou lé la main.
Le ma çon a plom bé le mur.
La pom pe du jar din est neu ve.
La cham bre de Pau li ne est som bre.

30e LEÇON.

X = cs

a xe	in dex	ex pi ré
lu xe	sa xon	ex trê me
fi xé	bo xeur	ex tir pé
ri xe	phé nix	ex pé dié

X = gz

exi lé	exa gé ré	exo ti que
exi gé	exa mi né	exé cu teur
exis té	exas pé ré	exac ti tu de

X = S

Au xo nne soi xan te dix six

X = Z

di xiè me si xiè me

Le pa ra do xe est in sou te na ble.
Il a fi xé le jour de sa fê te.
Au xe rre est u ne jo li *e* vi lle.
Le re ce veur a exi gé la ta xe.
Pau li ne pren dra un la xa tif.

Dijon, imprimerie et stéréotypie de LOIREAU-FEUCHOT, place Saint-Jean.

31ᵉ LEÇON.

y = i dans oy ay uy

loi ial	voi ia ge	ploi ié
loy al	voy a ge	ploy é
rai ié	pai ié	ba lai ié
ray é	pay é	ba lay é
tui iau	en nui ié	a ppui ié
tuy au	en nuy é	a ppuy é

J'ai voy a gé en che min de fer.
Voy ez la sy mé tri e du jar din.
Le roi a pay é la roy au té.
J'ai lu un voy a ge d'E gyp te.
Le mur mi toy en est é tay é.
Il a ppuy a sur le tuy au.
J'ai vu la fa mi lle roy a le.
Il a e ssuy é la vai sse lle.
Mon pa pa est ty po gra phe.
Le noy au de pê che a ger mé.
Il est ray é du ca ta lo gue.
Je cô toy ai la cô te o rien ta le.

32ᵉ LEÇON.

ti = si

mi nu ti e	fa cé ti e	pro phé ti e
par tial	i ni tial	nup tial
ac tion	pu ni tion	cré a tion
ra tion	dé vo tion	a tten tion
par tiel	pa tien ce	bal bu tié

Il man ge du pain de mu ni tion.
Clé men ti ne a bal bu tié.
Ju li e a u ne gran de dé vo tion.
Son é du ca tion est bien soi gné e.
A gi ssez a vec mo dé ra tion.
Voy ez la sy mé tri e du jar din.
La rei ne s'est im pa tien té e.
Ma pé ti tion est en voy é e.
La ré pro ba tion est un blâ me.
Le ju ge est im par tial.
Le Spar tia te est i ni tié.
La pa tien ce est u ne ver tu.
Vo tre in si nu a tion est fau sse.

33ᵉ LEÇON.

S = Z entre deux voyelles.

ro se	de vi se	ca mi so le
tré sor	u si té	dé sa bu sé
poi son	ti sa ne	pré ci sion

Le poi sson a man gé du poi son.
Il lui a fa llu de la pré ci sion.
La cu rio si té est blâ ma ble.
Ro se a trou vé u ne va li se.
J'ai be soin de me re po ser.
L'oi si ve té est mè re du vi ce.
La ro se a un par fum a gré a ble.
Ta sœur O lym pe est im pé rieu se.
La ré si ne cou le du sa pin.
La ré sis tan ce est im po ssi ble.
Le sa ge mé pri se la mé di san ce.
Ce pay sa ge est beau de loin.
L'oi seau-mou che est un chef-d'œu vre.
Rien n'est beau que le vrai.
L'é gli se est a ssez gran de.

34ᵉ LEÇON.

Lettres nulles à la fin des mots.

b — plom*b* co lom*b* a plom*b*
c — cri*c* es to ma*c* blan*c* fran*c* jon*c*
d — ni*d* far*d* lai*d* froi*d* sour*d* gran*d*
g — san*g* étan*g* ran*g* coin*g* lon*g*
l — ou ti*l* fu si*l* gri*l* cou ti*l* gen ti*l*
p — si ro*p* ga lo*p* tro*p* cou*p* lou*p*
s — do*s* a bu*s* gro*s* gra*s* sou mi*s*
t — hau*t* ba*t* por*t* sor*t* rô*t*
x — fai*x* tau*x* croi*x* noi*x* flu*x*

Dou*bs*, a ssau*t*, dé gâ*t*, ins tin*ct*, tem*ps*, lac*s*, au tom ne, bis cui*t*, al ma na*ch*, ba dau*d*, pou*ls*, dra*ps*, fau bour*g*, san*g*.

Les ca nar*ds* na geai*ent* dans les é tan*gs* par mi les jon*cs* et les ro seau*x*. — Les oi seau*x* chan t*ent* au prin tem*ps*. — Les pou *les* cou ve*nt* dans le cou ve*nt*. — Quan*d* les cha*ts* n'y son*t* pa*s* les ra*ts* dan se*nt*. — Les so*ts* ri*ent* de rien.

Dijon, imprimerie et stéréotypie de LOIREAU-FEUCHOT, place Saint-Jean.